AF245179

TRANSITION.

DE L'ÉPARGNE.

PARIS

IMPRIMERIE CENTRALE DE NAPOLÉON CHAIX ET Cie,

Rue Bergère, 8.

1848.

A TOUS !

Déjà de grandes et vitales questions ont été soulevées; mais la plus importante, celle à l'étude de laquelle se livrent les esprits sérieux, celle qui domine la situation, c'est celle, si vaste, comprise sous l'indication de l'organisation du travail.

Cette question, envisagée sous plusieurs de ses faces et traitée avec l'autorité d'un talent supérieur, est loin d'avoir reçu une solution complète; beaucoup de points en restent à étudier qui s'y rattachent essentiellement; il en est un entre autres que je crois digne de fixer les méditations de nos nouveaux législateurs.

Le travail, dans l'ordre moral et matériel, est pour les individus la vraie et la seule source du bonheur et de la richesse; il est aussi le principe de la puissance des nations.

Le travail a un double but ; son organisation doit assurer l'existence du travailleur dans les deux conditions du présent et de l'avenir.............

Je suppose que vous avez pourvu aux exigences du présent, que par vos soins le travail est organisé d'une manière rationnelle, et même j'admets, comme pis aller, qu'il a, sauf les modifications humanitaires indispensables, repris son cours d'avant la révolution de Février ;

Qu'ainsi, il laissera à l'ouvrier ses ressources antérieures, et que par conséquent il sera donné à ce dernier de recueillir une épargne quelconque.....

Mais le temps marche ; les institutions républicaines étendent leur bienfaisante protection sur le travailleur ; la consommation est active ; le travailleur produit avec ardeur et sans relâche.

Il gagne, dépense et économise.

Vous avez réglé d'une manière heureuse le chiffre et l'emploi de son gain. Sa dépense suffit à ses besoins et satisfait à ses goûts. Que prétendez-vous faire pour assurer l'avenir du travailleur ?

Où et comment lui conseillerez-vous de placer ses économies, ce résultat sacré du travail, qui pourvoit à l'établissement de la famille et à son entretien aux jours de maladie, de mauvaise récolte, de chômage et de vieillesse ?

En effet, l'épargne de tous présentera une somme fort importante; ce sera par millions qu'on la comptera. Pour le moment je ne m'attache pas au nombre plus ou mois grand de millions qu'elle produira, son existence me suffit; c'est elle qui est mon point de départ dans la question du travail; c'est sur elle que je veux concentrer toute votre sollicitude.

Confierez-vous les millions de l'épargne à l'État, comme par le passé, pour que l'Etat en paie les intérêts, ou les ajoute au capital et en grossisse indéfiniment le chiffre?

L'État, dans les circonstances ordinaires, est un excellent débiteur; viennent de mauvais jours, je n'ose en dire autant. Il ne nie pas sa dette, il est vrai; ses intentions sont toujours bonnes, mais l'impossible lui échoit trop souvent.

Bien mieux, aux époques de prospérité et de confiance, ce qu'on appelle la dette de l'État est le signe attrayant de sa richesse. L'État ne doit pas; il a du crédit. Que les temps changent; oh! alors il doit; son passif est énorme. Il y a peu de jours, il était riche, et tous étaient riches de sa richesse et par sa richesse; il a suffi d'un instant pour tout renverser. L'État est pauvre, et toutes les bourses sont à sec; chacun alors de frapper à la porte de l'État. La nécessité et parfois l'ignorance aidant, les besoins, les demandes s'attaquent avec un ensemble effrayant au capital d'une dette dont le revenu ne suffit plus pour payer tant de pauvres du même jour.

Qu'arrive-t-il? L'État ferme sa caisse déjà vide, et vous donne toutes les bonnes raisons que vous savez. Au fond, s'il ne paye pas, c'est qu'il ne peut pas payer; tout ce qu'il tenterait de faire, tout ce qu'on exigerait de lui, tant que la crise dure, ne ferait qu'empirer sa position et celle de tous. Il reste impuissant en présence de besoins réels, impérieux et qui ne peuvent attendre, et vous êtes obligés d'accepter, de subir cette impuissance.

Ce n'est pas tout encore; il existe un mal non moins grand, qui résulte de l'absence de toute pensée d'équité dans la fondation de l'épargne publique telle qu'elle a été instituée.

Évidemment on a agi pour l'épargne comme si elle était un prêt, et on l'a exposée à toutes les chances que court un placement ordinaire.

Lorsqu'on a reçu l'argent de l'ouvrier, en lui reconnaissant l'intérêt le plus faible qu'il fût possible de lui accorder, on a, pour ainsi dire, immobilisé son capital, et, par la contradiction la plus injuste, on a versé ce capital dans la masse, et on l'y a laissé confondu.

Eh bien, cet argent, ce capital, ce fruit des labeurs

et de la sueur du peuple, on l'a fait valoir au profit de tous, comme si l'ouvrier, lui aussi, ne payait pas sa lourde part d'impôts. On lui en a donc demandé une seconde part, et d'avance on l'a prélevée au moyen d'une différence d'intérêts dont on ne lui a pas tenu compte.

Le travailleur, trompé sur la valeur d'un gage insaisissable, l'a été encore sur le chiffre de l'intérêt qui devait lui être payé.

L'institution des caisses d'épargne, fondée dans un but moral et humanitaire, l'a été d'une manière incomplète et mensongère...

J'expose des faits, je tire des conséquences ; je ne récrimine pas ; je sais faire la part des temps ; je regarde même comme un bienfait l'initiative d'organisation qui a été prise.

Il est advenu pour l'épargne publique ce qu'il est advenu pour la plupart des grandes questions : vivant au jour le jour, éludant toutes les difficultés, on semblait redouter d'en résoudre aucune.

Pourquoi cette limite imposée aux dépôts? Pourquoi ce maximum, qui semble dire au travailleur : Tu ne seras riche que jusqu'à telle somme, ou tu iras avec ton avoir te perdre dans un gouffre dont nous n'osons mesurer la profondeur? On niait le progrès, et on s'en méfiait.

Et le jour que la faim pèse sur le travailleur, on est obligé de le repousser, parce qu'on a fait de sa chose ce qu'on a fait du reste.

Mais les temps ne sont plus les mêmes. Le travailleur est émancipé; il est éclairé sur ses droits; il nomme ses représentants, et lui-même est admis aux conseils de la nation; il a le droit d'avoir la parole haute, et il l'aura; car ce qu'il demande, c'est que justice lui soit rendue.

S'il ne veut rien de ce qui appartient aux autres, il a le droit de sauvegarder ses intérêts et de refuser une intervention qui, sous un titre officieux et bienveillant, est devenue spoliatrice; et puisqu'au milieu de cet antagonisme d'intérêts qui fait la règle de la société, chacun se renferme dans son égoïsme, lui aussi voudra que son bien soit distinct de celui des autres; et son bien prospérera, parce qu'il l'administrera lui-même.

Je n'insiste pas plus longtemps sur ce sujet; l'expérience est faite, elle est complète; la cause est jugée, et ma conviction, j'en suis sûr, est aussi la vôtre.

Les embarras qui nous circonviennent de toutes parts sont un témoignage assez éclatant des faux errements suivis jusqu'à ce jour. Tous vous le reconnaissez, tous vous comprenez qu'il y a quelque chose à faire; mais vous hésitez à vous prononcer;

l'idée d'un changement, d'un inconnu à introduire dans l'organisation de la société vous effraie.

Rassurez-vous ; ce que j'ai à vous proposer n'a rien de désorganisateur, rien de vague. Pour moi, l'épargne est un élément de plus à ajouter aux forces déjà accquises ; c'est, suivant un mode usité en mathématiques, un simple changement de coordonnées que je propose.

Ce que je vous conseille de faire, ce que je ferais si j'avais voix au chapitre, ne serait pas chose nouvelle ; ce que je ferais, le voici :

Comme on l'a pratiqué auparavant, je réunirais en une masse compacte toutes les petites épargnes de chaque jour. Seulement, en modifiant l'emploi, je ferais pour elles et avec elles ce qu'elles ne pourraient faire isolées ; je ferais ce que l'individualité a su faire de tout temps pour son plus grand profit et qui lui a si bien réussi.

En un mot, je consoliderais l'épargne de tous dans la propriété, qui est le refuge ordinaire de toute fortune et son salut dans les moments de crise.

Je ferais donc de tous les travailleurs autant de propriétaires dans la proportion des épargnes de chacun d'eux, et chargerais le sol et l'industrie de féconder leurs capitaux et de leur assurer un revenu qui désormais ne leur échapperait pas.

Ce n'est pas encore assez pour moi d'asseoir ainsi les destinées de l'épargne publique, je veux que vous sachiez toute mon ambition pour elle. Je veux vous faire connaître le rôle que je lui assigne, et vous initier à l'avenir qu'avec son aide je prépare à la société.

Je vois l'épargne riche de tous ces millions qu'elle a déjà produits, et de tous ceux que vous lui apprendrez à produire en bien plus grand nombre encore, arrivant chaque année comme une annuité progressive, s'étendant sur le pays modestement d'abord, et bientôt l'envahissant sur tous les points. Je la vois expropriant avec équité les individualités qui se tiendraient séparées d'elle, et fondant, par sa seule force, sans porter atteinte aux droits acquis, une association sainte et féconde dans laquelle chaque associé conserverait son libre arbitre.

Alors, saisissez bien ma pensée, la propriété, qui, aux yeux de beaucoup, semble mal définie, parce qu'elle est trop loin d'eux, serait dorénavant parfaitement comprise, et dans son origine et dans son assiette ; appartenant à tous, elle aurait le respect de tous.

Chacun aurait ainsi sa part de toutes les parts et dans toutes les parts, charges et bénéfices.

Si l'équité et une administration probe et intelligente présidaient à ce nouvel établissement de la fortune publique, vous arriveriez bientôt à un résultat dont l'effet serait immense; car la grosse épargne, effrayée de son isolement et dans son impuissance à lutter contre tous, ne tarderait pas à faire cause commune avec l'épargne collective.

Et pourquoi ne pas croire aussi que l'épargne individuelle, déjà consolidée dans la propriété, ne s'empresserait pas, à son tour, de reconnaître les avantages d'une organisation tout à la fois rationnelle, économique et paternelle, et de se ranger sous sa protection, pour participer à ses bienfaits ?

Ainsi, tout dans le travail et dans la propriété tendrait à l'unité de la fortune publique.

Ainsi la plupart de ces graves questions aujourd'hui à l'étude, recevraient une solution directe, immédiate et facile. Les banques hypothécaires, agricoles, etc., et toutes ces institutions secondaires, dont vous réclamez à juste titre la création, existeraient implicitement par le fait même de cette nouvelle constitution de la chose sociale; par conséquent, plus de rouages superflus qui compliquent la marche de toute machine, et occasionnent toujours une inutile déperdition de forces.

Vous le voyez, dans ce système, l'unité de but établit la similitude et la concordance des moyens.

Depuis assez longtemps on vous traîne d'expédients en expédients ; opposez à tous ces projets inharmonieux qui vous assaillent de toutes parts, une initiative qui reposera sur une pensée large et unitaire.

Entrez franchement dans la voie qui vous est ouverte, et, avant peu de temps, l'heure aura sonné pour vous d'accomplir les grandes choses.

Chaque année, puisant en vous-mêmes de nouvelles forces, et élargissant le cercle de vos travaux, vous ouvrirez de nouveaux ateliers pour demander au sol de nouvelles richesses, soit par des défrichements, soit par des desséchements, soit par des reboisements.

Chaque année, vos capitaux, habilement dirigés, créeront de nouvelles ressources à l'industrie ; la terre, profondément explorée et interrogée sous toutes ses couches, n'aura plus rien d'inconnu ; il n'y aura rien de négligé, rien de perdu.

Le travail utile, productif, surgira sur tous les points, et l'émulation sera incessante, car le but brillera devant les yeux de tous ; tous les bras, toutes les intelligences s'animeront dans un noble et unanime mouvement, celui du travail.

Fonder l'association de l'épargne en la consolidant, c'est affermir les bases de l'association dans le travail ; c'est réaliser cette patriotique et divine pensée, que tous invoquent aujourd'hui, de rallier toute la nation sous la bannière fraternelle du travail.

Demandez donc avec moi qu'il soit décrété :

« Que les sommes déjà déposées entre les mains de l'État et provenant des Caisses d'épargne soient consolidées dans la propriété ;

» Que les propriétés acquises ou données en échange de ces valeurs appartiennent à tous les déposants dans la proportion des sommes versées par chacun d'eux ;

» Qu'à l'avenir il ne soit pas posé de limites aux sommes qu'il plaira aux citoyens de verser dans l'association ;

» Que toute propriété ou épargne consolidée jusqu'à ce jour, ou qui le serait plus tard en dehors de l'association, puisse s'y faire admettre et soit acceptée comme valeur-argent, et confondue en nature dans l'épargne collective ;

» Que, dans le présent et dans l'avenir, les individualités, quels que soient leurs motifs, leurs caprices même, aient la jouissance de leur libre arbitre et la faculté d'en user de la manière la plus large et la plus complète dans leurs rapports avec l'association. »

Je l'ai dit en commençant, c'est par le travail que les nations comme les individus vivent et prospèrent; tout dans la société moderne se rapporte au travail.

Le travail est le grand argument de notre époque.

C'est à lui que je me suis adressé. Du travail j'ai distrait le seul produit disponible, l'épargne; c'est avec l'épargne que je veux, rachetant l'ancienne société dont j'invoque le concours, et lui payant à elle-même son affranchissement, fonder une société nouvelle.

Tout se lie, tout s'enchaîne si bien dans les choses humaines, que la constitution nouvelle, que je propose, de l'épargne, m'a conduit à développer ses rapports naturels avec la fortune publique.

Si, au début et pour porter dans l'application une prudence dont je ne saurais vous blâmer, vous ne voulez pas réaliser ma proposition dans son ensemble, il vous est loisible de la scinder, et vous trouverez encore, comme réponse à l'impérieuse nécessité du jour, du *travail.*

Dans un prochain cahier, partant d'un point de vue plus élevé, j'ajouterai quelques considérations nouvelles aux développements que j'ai donnés dans celui-ci.

Ensuite, menant parallèlement, et toujours au point de vue économique, la question de l'épargne publique et celle de la transformation et de la régénération de la propriété, j'espère démontrer que le travail, le seul élément révolutionnaire que j'accepte, suffira, s'il est suffisamment secondé par un système d'éducation populaire large et éclairé, pour donner satisfaction complète à tous les besoins et à toutes les ambitions.

Je terminerai enfin par un résumé des principaux moyens d'exécution propres à assurer l'exécution de ma proposition.